# IRLAND 1972 bis 1980

Heinz Grosskopf

# IRLAND

## IN VERGANGENER GEGENWART

mit einem Vorwort von Stephan Alfare

facultas.wuv

Bibliografische Information der
Deutschen Nationalbibliothek

Die Deutsche Nationalbibliothek
verzeichnet diese Publikation in
der Deutschen Nationalbibliografie;
detaillierte bibliografische Daten sind im
Internet unter http://d-nb.de abrufbar



Fotografien und Texte: Heinz Grosskopf

Satz und Gestaltung:
Gerhard E. Paschinger
nach Vorlagen von Heinz Grosskopf

Druck: Holzhausen
Druck & Medien GmbH, Wien

Printed in Austria

ISBN 978-3-7089-0304-0

© Elvira Faltermeier

Heinz Grosskopf (Jhg. 1949),
Mag. art., Fotografiker, verschiedene Ausstellungen, lebt als freischaffender Kunst- und Dokumentationsfotograf in Wien. Theodor-Körner-Preis 1989.

*Publikationen*

1992 Herausgabe des Buches:
IRLAND EIN KARGES LEBEN,
WUV-Universitätsverlag, Wien.

*Im selben Verlag erschienen:*

*Kalender*

1996 – Irland
Schwarzweiß-Fotografien

1999 – Irland
The New Sentimental
Fotografiken, Farbfotografien.

2004 – Irland
Cliffs and Rocks of the Westcoast
Schwarzweiß-Fotografien

2007 – Wien wild, Lobau
Farbfotografien

*Für Thomas – Freund, Förderer und Mentor:*
*»Die Umwege sind das Ziel!«*

# Vorwort

»Licht ist pure Energie«, sagt Grosskopf. »Und der Lichtbringer ... der Lichtbringer ist Luzifer! Fotografie hat etwas Satanisches an sich!«

Jemand sagte einmal zu mir: »Was soll das? Diese ... *Weltraummusik!*« Jemand anderer sagte: »Für mich ist eine Espressomaschine eine Espressomaschine – und keine Kunst! Und Steckdosen sind Steckdosen und keine Kunst! In drei Himmels Namen, was brauchen wir? ... Arbeiter, Handwerker, Liebhaber und Reisende zugleich! Reisende dorthin, wo die Nächte ihren Abschluss finden, immer ins tiefe, fette Leben hinein, wo es auch mal kantig wird, blutig verschorft, trübe und mit Dreck und Speck verfleckt. Frauen und Männer mit Schwielen an Händen und Seele, Gesellen mit dem Mut zur Verzweiflung, der visionären Kraft der Hoffnungslosigkeit! Genau so!« Pathetisch? Hol's der Henker!

Gebeugt über unsere Lammsteaks mit Zwiebelringen, haben wir darüber gesprochen. »Dein *Leben* soll ein Kunstwerk sein!«, sagt Heinz Grosskopf. Und ich schiebe eine Kartoffelscheibe zwischen die brüchigen Zähne und denke: auch und gerade wenn es ein raues ist ... nein, kein elendes, erbärmliches! ... nur kein glattes, kein schmiegsames, kein abwaschbares ... wenn es ein krauses Leben voller Schlaglöcher und Erdbrocken ist. »Würde«, sagt der Fotograf. »Verstehst du? Würde und Anstand.« Seltsame Worte, mag sein.

Effekthascherei ist ihm ferngeblieben, keine Neon-Tätowierungen, nicht die Sucht nach großer, schneller Wirkung, nichts Säbelrasselndes, nicht brünstig – lebenshungrig, ja! Lebenshungrig, -durstig, -gierig ... Feine, leise Geschichten, mit wunderbar eindringlicher Stimme erzählt. Heinz Grosskopf erzählt Geschichten und lässt offen, was sie bedeuten. Und manchmal erzählt er welche, die keinen Sinn ergeben, weil es eben genau so ist ... Bevor das Fundament gelegt wird, räumt der Fotograf den Grund und hebt die Grube aus. Danach wird das Holz herangeschafft, die Mauern werden hochgezogen, ein Dach daraufgesetzt, vielleicht ein kleiner Schornstein ... Und die Fenster? Das ist dann die Frage. Wo kommt das Licht herein? Wo ist Grosskopfs Wahrheit? »Pornografie«, sagt er, »lebt im Scheinwerferlicht, im Strahlenkegel! Aber die Liebe – die Liebe lebt im Dunkel.«

So sehen Menschen aus, stelle ich mir vor, die keine Gummimasken tragen wie jener taube Grießbrei, die Masse ohne Form, die uns Tag für Tag bis zu den Augen hochschwappt, ob wir wollen oder nicht, in unserem schönen Land des Schwindels. Die Banken, die Bürogebäude, die Fabriken haben sie eingetrieben und verschluckt. Die Schulen, die Akademien, die Universitäten ... Und in den Aktenschädeln verpufft ein letzter Rest verbrauchter Luft.

»Irland ist voller Melancholie! Einer merkwürdigen Melancholie, der man nicht auskommt, wenn man Augen statt Knöpfe im Kopf hat und ein Herz in der Brust anstelle eines Plastiksäckchens, ob man will oder nicht. Trotz all der Härte, trotz der Unerbittlichkeit – ein sanftes Leben samt Buckel und Höcker. – Und es gibt keine Verrückten in Irland!«, sagt Grosskopf. *»A man with a real character,* so heißt das dort ... Weil – Irland ist kein Tapetenmuster! Irland ist gemustert mit Menschen. – Oder nimm einen Bären!«, sagt er und vergisst auf sein Lammsteak. »Bären haben den glitzernden Blick. Augen wie Eisberge, ein klares, tiefes Strahlen! Das ist wie Gottvertrauen, weißt du? – Und Irland heißt auch: Sprache und Musik. Lebensfreude kombiniert mit Musik und Poesie. Harte, kräftige Poesie! Den eignen und den Schmerz der andren formulieren, statt ausgekratzte Phrasen dreschen. Das ist das Land, das in kraftvollen Sätzen spricht! – Die Gestade des Atlantiks ... der Dauerregen ... Die Chemie von Ebbe und Flut«, sagt er, »so ist das – ein Kommen und ein Gehen. – Unbekümmertheit gepaart mit Stärke und ... Vermögen. Und auch die Zwischenzonen füllen sich: Da ist die Sehnsucht, da sind Leidenschaft und Wissen. Und Theatralik, nicht vergessen – die Theatralik! Denn die Sonne ist groß und der Mond doppelt so groß. Und der Mond stürzt morgens in den Atlantik!«

Kein lähmendes, von tiefster Feigheit durchdrungenes Gejammer, denke ich, dieses triviale, klägliche Sabbern und Geifern, dieser grenzenlose Egoismus hierzulande und auch anderswo. »Respekt –«, sagt Grosskopf, »Respekt heißt annehmen. Niemals die Macht gegen das Leben ausspielen.«

Und wenn der Flötenspieler seiner Flöte Guinness zu trinken gibt, bevor er darauf bläst, so ist das, damit sie rauer, fremder klingt – *»rougher ... stranger ...«* –, und wenn der Mann aus der Säuferzelle frühmorgens an der Mauer lehnt, den überschwemmten Blick aufs Meer gerichtet, wo sich die Wellen brechen, wo ein Tag erwacht, wo sie gleichsam hochschrecken aus ihren Albträumen und nach oben tauchen, der neue Tag, der neue Mensch – dann ist das allein schon Poesie ... dann ist das wie steinhartes Brot.

»Die Sprache, die der Atlantik spricht, gemahnt dich, die Unbill deines Lebens anzunehmen ...«, sagt der Fotograf. »Da ist diese Kraft. Da ist diese Energie, geliehene Energie! – Die Leute dort ... wenn du sie brauchst, dann sind sie da! *›Come on, boy! Have a breakfast with us!‹* Toastbrot, durchs Fett gezogen, Tee und Zigaretten ... ist okay! – Oder im Pub! Du kommst in dieses Pub, tropfnass! Der Mann am Tresen sieht dich an: *›You're alone, boy? That's wrong! You need a companion!‹* Dieses Lachen, der zahnlose Charme nach einem düsteren Tag im Hochmoor! Ein Glas Guinness ... Das sind Leute – sie wirken sorglos, doch ihrer selbst sehr wohl bewusst! ... Denn – Armut ...«, sagt er noch, »Armut verletzt nicht – Armut sensibilisiert.«

Sein Lammsteak ist längst kalt geworden. Nun trinkt er Wein und sagt: »Meine Bildersprache ist eine versöhnliche ... Trotzdem – ich bin hinterfotzig genug! ...« Den Kopf leicht schräg gehalten, lacht er.

Wenn ich Grosskopfs Fotografien betrachte, eine nach der andern, und wenn ich es auch zulasse, fügen sich Sätze zusammen im Kopf, zu ganz eigenen Erzählungen, die ich dann niederschreiben könnte, nähme ich mir die Zeit. Schatten und Licht wie eingekerbt, wie die Furchen und Gräben in diesen Gesichtern – geschärfte Physiognomien, ein schartiges

Leben –, wie im Gesicht des Fotografen selbst: ein dickfelliger, zäher, drahtiger Kerl, ein Geschichtenerzähler mit ziemlich großer Klappe. »Grosskopf ist schon verdammt gut mit seinen Bildern, dennoch quatscht er zu viel.« Auch das habe ich schon gehört. Und wenn ich an alte Zeiten denke, in jenem Lokal am Yppenplatz ... als wir noch lange nach Sperrstunde bei geschlossener Tür weiterschlürften, da konnte es schon passieren, dass unser Fotograf, in ehrliche Rage gekommen, von seinem Achtelglas ein Stück abbiss ... na und?

Der Mann nimmt sich Zeit, er sieht sich um, und manchmal rennt er los, um irgendwas zu retten. Er lässt alles liegen und läuft los, um es in Sicherheit zu bringen. Und dann gibt er wieder alles her. Diese Bilder stammen größtenteils aus den Siebzigern des vorigen Jahrhunderts, und es wird bald klar, dass hier eine untergegangene Welt gezeichnet wird, ein Erlebnisraum, der nur noch über das Betrachten und Erzählen erfahren werden kann. Heinz Grosskopf ermöglicht dies durch seine literarischen Fotografien und nicht zuletzt durch seine bilderreiche Sprache.

Ich sage ihm: »Aber ich war noch nie in Irland.« – »Egal«, gibt er zurück. »Grade das macht's interessant – die Sehnsucht danach.« Vielleicht ist das mein ›Heimweh‹ nach einem Land wie Irland, wenn ich diese Bilder sehe ... Nach einem Irland vor dreißig, fünfunddreißig Jahren, als ich ein kleiner Junge war, der sich seine Rotznase unter der Schulbank abwischte.

Und nun fassen Sie das alles zusammen, kneten und formen Sie es – und dann legen Sie es vor sich hin. Blättern Sie einmal um. Machen Sie eine Flasche auf, ein Glas, nippen Sie daran und öffnen Sie die Augen. Bitte, schauen Sie sich diese Fotografien in aller Ruhe an – und lesen Sie die Texte. Nehmen Sie sich Zeit, viel Zeit dafür. Und später – später ziehen Sie dann los.

*Stephan Alfare*
*Wien, am 17. März 2008 ... St. Patrick's Day*

# Umbruch

Der Autor versucht eine Legende aufzuspüren, zu der er emotionelle Affinitäten hat, möglichst nahe und intensiv das Land, seine Bewohner erspüren, aufspüren. Daher das Leben mit ihnen in ihren Hütten, das »Erfahren« der Landschaft mit dem Fahrrad. Die Kamera des Autors als mechanischer Erinnerungsträger emotioneller Ausschnitte hinlänglich irischer Wirklichkeiten.

Die Fotografie als Medium der Dokumentation eines Augenblicks mit der Beweiskraft des objektiven Abbildes im Spannungsfeld des subjektiven Blickwinkels.

Das erzählerische Potenzial der Foto-Abfolge in abstrahierendem Schwarz-Weiß als Gestaltungsraster individueller Wirklichkeitsdeutung, Wahrnehmung.

Das Erlebnis von Naturgewalten, Regen, Sturm, von plötzlich aufbrechenden Wolkendecken, Lichtgarben, die über unendlicher Einsamkeit der Landschaft fluten.

Mythen, Torfkulturen, Whiskeyvisionen, Steinwälle und Traditionen, Fischfang.

In den Furchen, Steinkanten und Tümpeln der Hochmoore, den Gesichtslandschaften, der kehligen, gutturalen Sprechweise der Bewohner spiegelt sich Irlands Identität.

Wie lange noch?

Irland ist im Umbruch!

Das vorliegende Bilddokument ist der Katalog eines »soziokulturellen Museums«, durch Tourismus, Industrialisierungsphasen ist eine rapide Veränderung des Landes eingetreten.

Die Bilder dieses Buches sind eine bewusst strenge Selektion, Verdichtung rudimentärer irischer Kultur, in Irland bereits zu »Freilichtmuseen« restauriert.

*Timo Huber*

*Irland ist eine alte Sau, die ihre Ferkel frisst (James Joyce). Wahr ist, dass zwischen dem 19. Jahrhundert und Mitte des 20. Jahrhunderts sechs Millionen Irländer ihr Land verließen.*

*Erst wenn sich Delphine am Horizont zeigen,*
*die Lachse flussaufwärts steigen.*

*Anglerglück: Für eine schleimig-nasse Makrele an der nasskalten Westküste.*

*Curraghs, leichte Fellboote, einst wichtiges Transportmittel der Fischer und Bauern. Heute sind alle Inseln bequem mit Leichtflugzeugen zu erreichen.*

*Relaxing.*

*Brotzeit ... wenn es zufällig nicht regnet.*

*Sonnenbad im Dünensand ... Esel sind in den endlos scheinenden Hochmooren das wichtigste Transportmittel für die Torfbauern der Westküste.*

*Irish Coffee: Nach Guinness ist Tee das Nationalgetränk der Iren. Aus der mythischen Welt der Kelten kommt der Frauenname Tea.*

*Swatches-Verkäufer in Dublin. Die Armut hat ihre Zeit.*

*Zwei Fische im Kinderwagen.*

*Markttreiben in Dublin.*

*Beide Gefangene: der Vogel im Käfig und sein Besitzer.*

THE DUBLIN BOX Co LTD.
YUDICE GOWNS
CARD BOARD BOXES
DUBLIN SERVICE CENTRE
8 SLOWEY'S 8
Archbold Corry & O'Connor

*Old Dublin.*

*Bootsbauer in Conemarra.*

*Auch die Titanic wurde in Belfast gebaut.*
*Wie man weiß, kein gutes Ende ...*

*Kopfarbeit ...*

*Noch ein Kopf bei der Arbeit.*

*Guinness, a nice stuff to dreaming away.*
*Die Brauerei selbst hat mit Irland wenig am Hut,*
*sondern ist ein multinationales Unternehmen.*

*Mit hartem Blick bestimmt hier der Wirt ... Sorry, no credits.*

*Bei all der großflächigen Bierwerbung ist der Irländer kein großer Säufer, sondern ein begnadeter Trinker, der die Unterhaltung pflegt.*

*Abgleiten ins täglich Ungewisse.*

*Drei fetzige Sonnenstrahlen unterwegs.*

*Just married.*

*Beim Pferdemarkt, in vornehmer Zurückhaltung.*

*Zwei scharfen Hunden gleich bewachen verbuschte Pupillen das Übrige: Austin Creaven.*

*An der salzigen Luft getrockneter Torf wiegt wenig, aber schwer ist sein Gewicht an Geschichte, vollgesogen aus der Frühzeit.*

*Stück für Stück werfen die Iren die Eiszeit ins Feuer.*

*Wasser in den Augen, den Schuhen,*
*auf den Feldern und Wiesen.*

*Zigeunerlager. Das ganze Jahr über in Zelten, mit offener Feuerstelle. Der einzig wirklich trockene Ort: der Ofen, das Herz der flüchtigen Behausung.*

*Stolz und hellhäutig, Irlands blonde Zigeuner, Tinker, Kesselflicker. Mit Argwohn bedacht, gehn sie ihrer eigenen Wege, sprechen sie ihre eigene Sprache.*

*William Pierce müht sich durch den Regen. Klatschnass.*
*Er muss seine Kühe auf die Wiese treiben,*
*die einige Meilen vom Hof entfernt liegt.*

*Fischgrätig das Boot, vom Regen ausgeschwemmt.*

*Moore, Hochmoore, Torfmoore:*
*Archivare – Hüter von Geheimnissen.*

*Auch er nass im Schritt, getrieben von Schatten, auf ins nächste Pub.*

*Die Iren reden viel und gerne, am liebsten übers Wetter. Schnell sammeln sie sich zu kleinen Gruppen, an einer Hausecke, vor einem kleinen Laden oder Haus – selbst die Hühner.*

*An der Westküste, wo Irland am schönsten ist,
leben die Bewohner in Bescheidenheit. Hier steckt
noch jedem das Auswandern in den Knochen.*

*Pferde sind in Irland hoch im Kurs und ein Pferdebesitzer ist schon etwas Besonderes in den Augen anderer.*

# Nach Amerika? Einfach so?

Mit festen Hammerschlägen treibt Murphy eine Eisenstange in den grasigen Boden, um die Schafe anzupflocken. Heute hat er keine Zeit, um sie auf die Weide hinauszutreiben. Wochenlang hat es geregnet, aber heute scheint die Sonne und Murphy muss noch hinauf in die Berge, Torf stechen, nassen schweren Torf, den er zum Heizen braucht.

»Nach Amerika? Einfach so?«, wiederholt er meine Frage, während er das Seilende an dem Pflock festbindet.

»Das Haus verkaufen, den Vater alleine zurücklassen? Nein! Früher wollte ich nach Australien, dort ist es friedlich, dort leben Katholiken, und außerdem scheint das ganze Jahr die Sonne. Aber eigentlich, weißt du, gefällt es mir hier. Und im Ausland, da bin ich nichts. Hier hab' ich mein Haus, meine Wiesen und Felder und mein Vieh. Sechzehn Kühe hab' ich und eine Schafherde. Und die Preise für Schafe sind gut. Angefangen hab' ich mit zwei Kühen. Aber jetzt kann ich mir ein Auto leisten, ein gebrauchtes.«

Murphy verstummt. Von Westen her weht inzwischen starker Wind, schnell ziehen Wolken auf. Heute muss er noch Torf heimholen und zum Trocknen aufschichten.

»Frau hab' ich noch keine. Kein Geld, um auf Brautschau zu gehen, du verstehst! Kein Geld, um abends unterwegs zu sein. Früher war das anders, da ist man von Haus zu Haus gegangen, hat musiziert und getanzt. Und auch getrunken, ja, selbstgebrannten Kartoffelschnaps, Potheen. Und Mädchen kennengelernt. Aber heute sitzt man vor dem Fernsehapparat oder fährt in die Disco. Viele Mädchen gibt's hier nicht, die meisten gehen weg, wer will schon einen Bauern heiraten, mit all der Arbeit?«

Später sehe ich ihn, wie er mit einem Korb auf dem Wagendach zu den Moorgründen fährt.

Er wird die nassen, rechteckigen Klumpen in den Korb füllen und bis zur Landstraße tragen, wo er sie zu Haufen aufeinander stapelt.

Wie dunkle, langgestreckte Hügel säumen sie die Straße, bis sie in der lauen Sommerluft getrocknet sind und Murphy sie mit dem Auto heimfahren kann.

Und wenn es morgen wieder regnet?

*Schafgeplärr, vermischt mit*
*melancholischen Klängen von Webstühlen.*

*In Irland gibt es keine Schlangen, gab es keine Hexenprozesse und tragen Kühe keine Hörner.*

*Das Schaf wird von Murphy an einem langen Seil angepflockt.*

*Komm her, du süßes Morgentier. Komm, lass uns an uns speisen. Du weißt, wir sind uns angetan, mit all den herben Schmerzen. (Jakob Lediger)*

*Am Heuwagen schon Autoreifen.*

*Rauch weht über die Wiesen.*

*Staßenverstopfung. Kühe, Schafe, Fuhrwerke, Zigeunerwägen, überschwemmte Landschaften, Kleinstwägen und genervte Touristen.*

*Wochenendzirkus. Regennasse Wiese und ein feuchtschwammiges Sandwich.*

*Drei Grazien auf zerissenem Karton,*
*Schutz gegen Regenpfützen.*

*Die Lebenslust der Iren bezieht auch den Tod mit ein und manche Beerdigung endet als fröhliches Fest mit Musik und Tanz.*

*Zum Grabstein die regengeschützten Plastikblumen und eine Flasche Whiskey.*

# Küstenstraße

Es hat zu regnen begonnen. Durch den starken Gegenwind prasseln stecknadelscharf Regentropfen auf mein Gesicht. Die Straße ist überschwemmt, in den steilen Abschnitten reißt mich der Wind fast vom Rad. Oben auf dem Pass enthüllt der aufsteigende Nebel eine kahle Landschaft; eine Landschaft, die keine Begrenzung kennt, die unwirklich weit wirkt. Gläsern zart schweben die Berge über den dunkelbraunen Moorebenen, nur die Umrisse von verrotteten Baukränen und Autowracks durchbrechen die Einöde.

Dumpf dröhnt die Brandung aus der Tiefe, der Geruch von salziger Meeresfeuchte und süßem, verbranntem Torf ist überall. Hell glänzen im abendlichen Sonnenlicht die nassen, cremefarbenen Ölanstriche der Häuser, die eng zusammengerückt die Straße flankieren. Eine kleine Ortschaft.

Bislang eins mit dem Fahrrad, der Landschaft, der Einsamkeit, freue ich mich, wieder unter Menschen zu sein. Vor einer Gemischtwarenhandlung sammelt sich eine Gruppe Einheimischer. Sie sitzen auf Bierkisten, auf dem Gehsteig oder stehen angelehnt an parkende Autos. Auf den Wagendächern abgestellte Gläser.

Einige Bauern sind vom Nachbardorf gekommen, um mit ihren Instrumenten aufzuspielen. Von den harten, dunklen Schlägen der Bohrans begleitet, quellen wirbelnde Melodien aus Akkordeon, Flöten und Geigen. Bei Festen tanzen manchmal Mädchen zur alt-irischen Musik. Sie schleudern ihre Beine wie Gewehrsalven aus den Hüften, mit ernsten Gesichtern und starrem Oberkörper.

Im Ladeninneren sitzen Männer und Frauen zwischen Biergläsern auf den Tischen, Menschen mit verschwitzten, klobigen Gesichtern, aus denen seltsame, weiche Laute kommen. »Aye«, immer wieder ein gedehnt gesprochenes »Aye«, wie viel Anteilnahme liegt in diesem kleinen Wort, ein starkes Zugehörigkeitsgefühl erfasst mich.

Spätabends verebbt die Musik zu stumpfem Lärm, klirrend werden leere Flaschen und Gläser zerschlagen. Lärmende Betrunkene. Singen und Musizieren, das helle Klirren der Gläser, Geräusche, die vorher noch Feststimmung verbreitet haben, sind jetzt roh und leer, bedeutungslos geworden.

*Einige Bauern sind vom Nachbardorf gekommen, um mit ihren Instrumenten aufzuspielen: In Irland trinkt man anders als in Russland ... man singt auch anders – Ost-West-Gefälle.*

*Aus der Schmiede die »Singende Säge« ...*

*... aus der Flöte das dunkle Bier. Gustin Russel flößte Guinness in die Flöte, um Ihren Klang zu verwildern.*

*Später, die Ziehharmonika säuberlich zerlegt: Tastatur, Balgen, Bassknöpfe. Ich legte ihm, der versunken an der Bar lehnte, ein Foto, vor Jahren von ihm gemacht, auf den Bartisch: »Well, my friend, you are my manager.«*

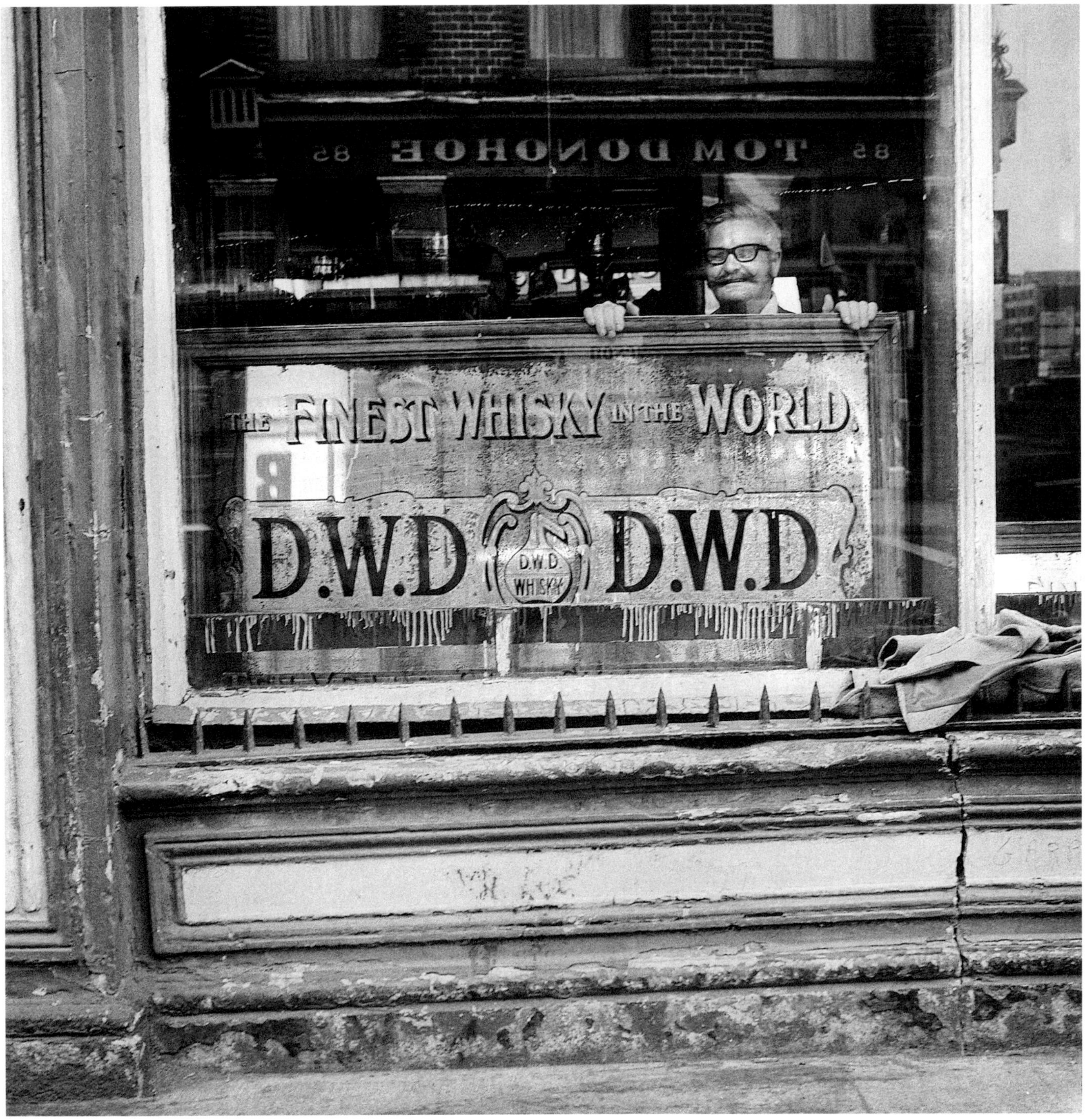


*Und wenn es draußen wieder regnet, wärmt ein ordentlicher Schluck Whiskey bis hinunter zu den Schuhsohlen.*

# Bei Hanafan

Lächelnd gab er das gerahmte Farbfoto dem jungen Mann zurück. Der junge Mann war Fotograf, der Flugaufnahmen von Häusern und ihrer Umgebung machte. Ungebeten.

Nein, sagte Hanafan, er hätte keine 25 Pfund übrig, er brauche kein Foto. Die Verwandten schon alle gestorben und überhaupt sei die ganze Hütte keine drei Pfund wert. Nur rausgeworfenes Geld.

Darauf ließ er den jungen Mann stehen und lächelte mir komplizenhaft zu. Verlegen stand ich da mit meiner Hasselblad-Kamera.

Ich hatte Hanafan schon einmal fotografiert und ihm Schwarzweiß-Abzüge geschickt. Er hatte sie in der Küche an die Wand geklebt. Anderntags, als ich ihn wieder besuchte, lud er mich zu einer Tasse Tee ein. Er bat mich, ihm zu helfen, eine Matratze ins Freie zu tragen.

Sie roch streng und war schwer, bucklig und mit braunrändrigen Flecken überzogen. Wir zerrten sie ins Freie. Der alte Mann keuchte. Noch ein Ruck und wir hievten sie über die Türschwelle und lehnten sie an die sonnenbeschienene Hauswand.

Beim Abschied nahm er von der Wand ein verrostetes Hufeisen und drückte es mir in die Hand. »Das bringt dir Glück, oh Henry, das bringt dir Glück. Good luck now!«

*Lass uns nicht von Gott reden oder: Was kommt nach dem Leben. Weiß sowieso keiner. Erzähl mir lieber von einem Film mit John Wayne.*

*Maurice Hanafan wartet in mächtigen Gummistiefeln verkatert auf den wöchentlichen Lebensmittelbus.*

*Rose strickt Pullover mit Mustern aus Fischerknoten. Diese Muster dienten zum Erkennen verunglückter Fischer, falls sie an Land gespült wurden.*

*Ist kein Brot im Haus, bäckt Rose auf der offenen Feuerstelle Maisbrot ...*

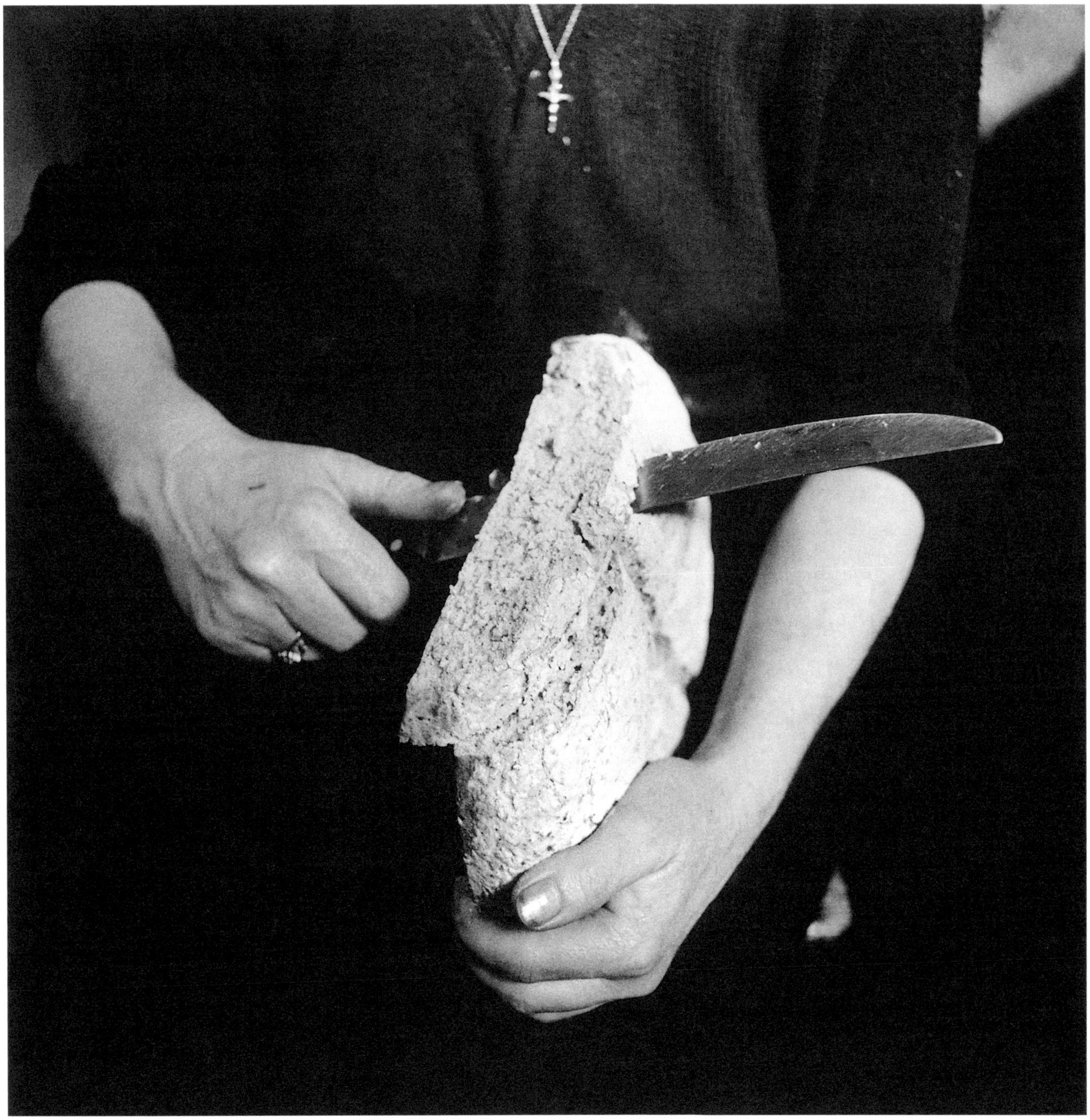

*... Mehl, Salz, Soda, Milch und Zucker zu einem Teig verrührt. Der Kessel wird mit glühenden Torfstücken bedeckt, dann wird das Brot gekreuzt und über dem still glosenden Feuer an einem Haken befestigt.*

*Schafschur in Donegal, das Alaska von Irland.*

*Weitab von der Straße entlegene Gehöfte. Menschen, die alleine leben. Ein Hund, einige Schafe, zwei bis drei Kühe – ihr ganzer Besitz.*

*Ein Fluss gräbt sich durch stilles Grün, ich hör die Fische sich besaufen. Die Sonne wird am Horizont verglühn. Unmenschliche Christen werden wieder ihre Kinder taufen. (Alf Neidhart)*

*Containerwohnungen in London-Derry.*

*Bruderkrieg ...*

*... den keiner will.*

*Katholiken ...*

*... ausgegrenzte Minderheit im eigenen Land.*

*Gemalte Chronik eines Konflikts.*

*Friedensbemühungen gegen festgefahrene Fronten.*

*Die Kinder auf den Straßen, während sich die Väter als Helden feiern.*

*Ian Paisley und Sinn-Fein-Chef Adams einigen sich auf Regierungsbildung am 8. Mai 2007.*

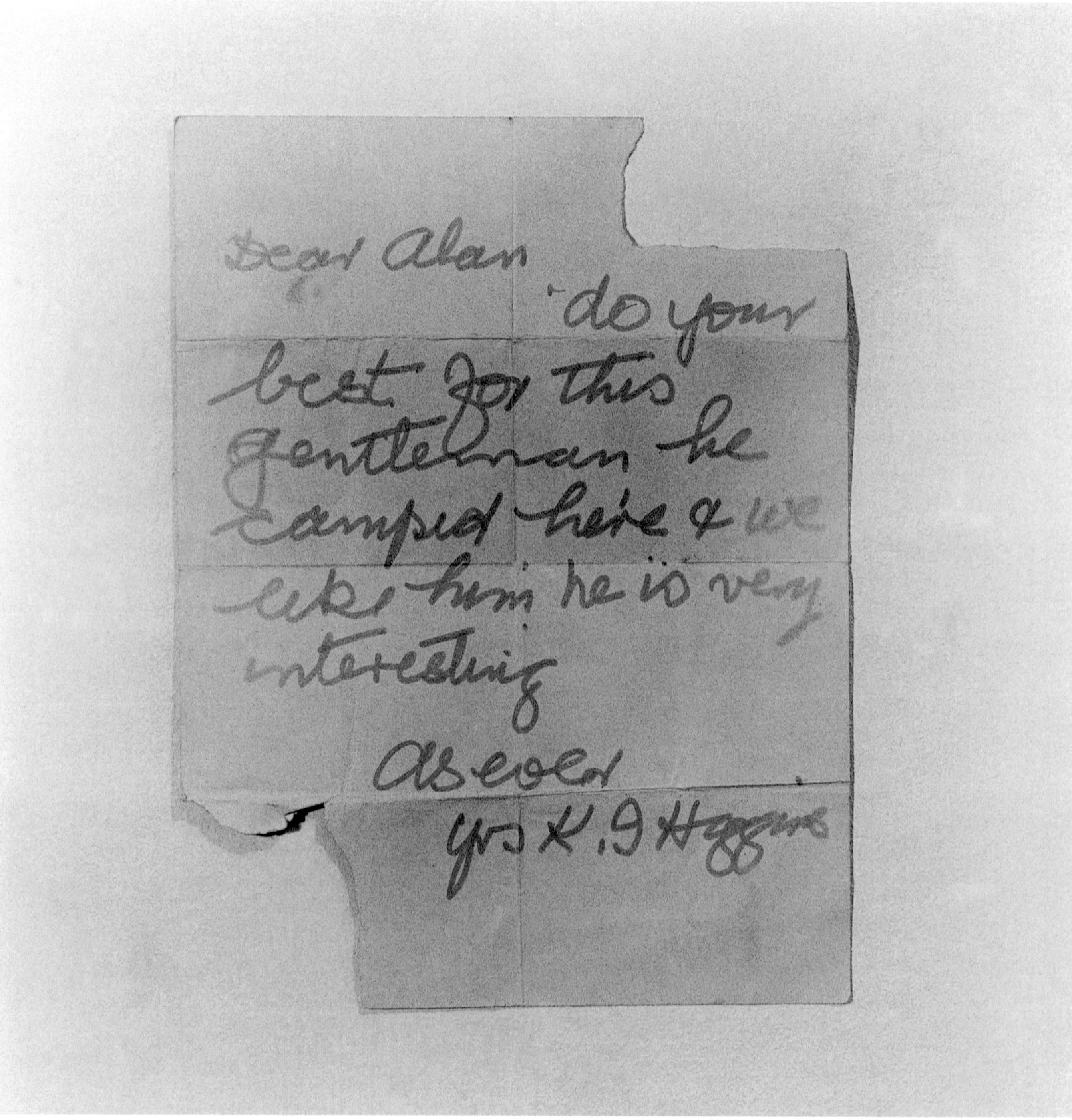
Dear Alan
"do your best for this gentleman he camped here & we like him he is very interesting
As ever
Yrs K.G Higgins

*Geleitbrief.*

# Alles mit dem Fahrrad

*Mit dem Fahrrad unter sich*
*die Erde zum Drehen bringend ...*
*(Christof Gantner)*

Im Sommer 1972 nahm ich mir mehrere Monate Zeit, um Irland mit Fahrrad und Zelt zu durchstreifen.

Diese Art des Reisens förderte ein Nahverhältnis zu den Menschen, die mir, wenn ich an ihre Türen klopfte, mit unbefangener Herzlichkeit entgegentraten. Nie fühlte ich mich als ein Fremder, nur wenn ich meine Kamera zur Hand nahm, um zu bildern, fühlte ich, wie mich die Kamera von ihnen trennte.

Anfangs ohne eine bestimmte Reiseroute unterwegs, fand ich im Westen Irlands eine von Jahrhunderten geprägte Beziehung von Mensch und Landschaft noch erlebbar. So konnte ich in eine Welt eintauchen, wie ich sie von der klassischen irischen Literatur kannte (Jonathan Swift, Liam O'Flaherty, John Millington Synge).

Auf den in den nächsten Jahren folgenden Reisen wurde mir die rasche Verdrängung der archaischen Lebensformen augenfällig.

Im Land der Fischer und Bauern verschwinden Berufe wie Sattler, Torfbauer, Korbflechter, Hufschmied usw., um Fabriksarbeitern, Industrie und High-Technisierung Platz zu machen.

Deutliche Abnahme der keltisch sprechenden Bevölkerung an der Westküste.

Die Ikonen der »Neuen Welt«: Computerzentren, gigantische Supermarkthallen wetteifern mit Amüsementketten. Statt einfühlender Gespräche in den Wirtsstuben Unterhaltung aus Musikautomaten.

Dieses Buch will nicht polemisieren. Dieses Buch soll eine Dokumentation von Überresten einer Lebensform sein, wie sie in Europa kaum zu finden ist.

»Gut ist es, immer Kerzen, Karten, die Bibel und ein wenig Whiskey im Hause zu haben.«

*Der Autor 1972 in Irland*

Was suchte er in Irland? Ein besseres Tirol? Ein besseres Leben?
Gefunden hat er jedenfalls seine fotografische Lebensliebe!
*Elizabeth McGlynn*